ÍNDICE

PRESENTACIÓN

El proyecto BALDER surge a modo de propuesta y, sobre todo, de respuesta a los desafíos que encaran las nuevas generaciones. Su objetivo es cultivar, de una manera motivadora, creativa y dinámica, valores que contribuyen y fomentan culturas de paz, así como una transformación social positiva.

En este caso, el nombre del proyecto BALDER proviene de la mitología nórdica. BALDER es el dios de la paz, la luz y el perdón. Asimismo, es el acrónimo de los valores de la Bondad, el Amor, la Lealtad, la Dignidad, la Empatía y el Reconocimiento, que son fomentados desde las actividades de formación, investigación y sensibilización que se llevan a cabo en la Cátedra UNESCO de Filosofía para la Paz de la Universitat Jaume I de Castellón. Del mismo modo, el proyecto incluye otros valores, habilidades y competencias, tales como la paz, justicia, respeto, igualdad, cuidado, paciencia, perdón, responsabilidad, poder, creatividad, resiliencia, escucha activa, cooperación y comunicación noviolenta. Todos ellos contribuyen a la creación y establecimiento de culturas para la paz y a la transformación social positiva desde nuestras experiencias cotidianas y personales. Se reivindica, por tanto, una propuesta innovadora, dinámica y atractiva para las generaciones emergentes, mediante la relación de cada uno de los valores y a través de la figura de dioses provenientes de diferentes mitologías.

En términos filosóficos, tanto las mitologías como la filosofía para la paz comparten una conexión profunda y abordan cuestiones fundamentales sobre la naturaleza humana, la paz y la coexistencia social. Ambas han influido, significativamente, en la forma en que la sociedad ha comprendido el mundo y ha buscado respuestas a preguntas existenciales. A su vez, este proyecto trata la exploración de la condición humana, es decir, estudia los conflictos y las aspiraciones mediante distintos personajes mitológicos, que reflejan valores y reflexionan sobre la conducta humana. Además, busca el significado y el propósito del individuo con el objetivo de transmitir ideas a través de narrativas simbólicas y alegóricas de la filosofía para la paz.

Proyecto BALDER: core skills para hacer las paces trabaja desde la imaginación ética y moral. Así, pretende concienciar acerca de las acciones de los seres humanos, de los valores, al tiempo que quiere transmitir y presentar aprendizajes con las figuras de diferentes dioses. Por lo tanto, proporciona propuestas sistemáticas y fundamentadas en la filosofía para la paz, los conflictos y el desarrollo. Finalmente, BALDER opta por una transformación y un cambio social positivo. De este modo, defiende valores de igualdad, solidaridad, libertad, reconocimiento y paz, con la finalidad de capacitarnos en las alternativas que tenemos para mitigar el sufrimiento humano y el de la naturaleza.

En resumen, mediante este proyecto se persigue sensibilizar y concienciar sobre la importancia de los valores de una cultura para la paz con el fin de promover una ciudadanía global pacífica y comprometida con la transformación social positiva. El objetivo es empoderarnos y darnos cuenta de las capacidades que tenemos como seres humanos para hacer las paces desde nuestras competencias personales y cotidianas.

CORE SKILLS

Armonía
Sostenibilidad
Conciliación
Unión

Harmonia
Sostenibilitat
Conciliació
Unió

Harmony
Sostenibility
Conciliation
Unity

PAZ PAU PEACE

PAZ

La paz es un estado de armonía y unión en el que los seres humanos conviven en un entorno de respeto mutuo y cooperación. Asimismo, implica la conciliación de las diferencias mediante el diálogo y el entendimiento, de modo que promueve la cohesión social. Además, la paz contempla la sostenibilidad en las relaciones humanas y con el medioambiente con el fin de que las acciones presentes no comprometan el bienestar de las generaciones futuras.

PAU

La pau és un estat d'harmonia i unió en què els éssers humans conviuen en un entorn de respecte mutu i cooperació. Així mateix, implica la conciliació de les diferències mitjançant el diàleg i l'entesa, de manera que promou la cohesió social. A més, la pau fomenta la sostenibilitat en les relacions humanes i amb el medi ambient amb la finalitat que les accions presents no comprometin el benestar de les generacions futures.

PEACE

Peace is a state of harmony and unity, where human beings coexists in an enviroment of mutual respect and cooperation. It also implies the conciliation of opposing positions through dialogue and understanding in order to promote social cohesion. Furthermore, peace encloses sustainability both in humans relations and in the environment in order to ensure that present actions do not compromise the well-being of future generations.

Cariño
Afecto
Ofrecimiento
Ternura

Estima
Afecte
Oferiment
Tendresa

Love
Affection
Offer
Tenderness

AMOR AMOR LOVE

AMOR

El amor es un sentimiento profundo, sincero y desinteresado de cariño y afecto que se expresa en cada interacción con el ser querido. Este sentimiento se manifiesta mediante gestos de ternura y actos de ofrecimiento, con los que se busca en todo momento el bienestar y la felicidad de y con la otra persona. El amor implica, también, un compromiso constante de comprensión, apoyo y dedicación, de modo que crea un vínculo que nutre y enriquece a todas las personas.

AMOR

L'amor és un sentiment profund, sincer i desinteressat d'estima i afecte que s'expressa en cada interacció amb l'ésser estimat. Aquest sentiment es manifesta mitjançant gestos de tendresa i oferiments, amb els quals es busca en tot moment el benestar i la felicitat de i amb l'altra persona. L'amor implica, també, un compromís constant de comprensió, suport i dedicació, de manera que crea un vincle que nodreix i enriqueix totes les persones.

LOVE

Love is a deep, wholehearted and selfless feeling of affection and care expressed in each of the interactions with the loved ones. This feeling is shown through gestures of tenderness and acts of offer, with which one always seeks the well-being and happiness of the other person, in order to be with him or her. Love also implies a constant commitment of understanding, support and dedication, to create a bond that nurtures and enriches all people.

Compasión
Benevolencia
Altruismo
Generosidad

Compassion
Benevolence
Altruism
Generosity

Compassió
Benevolència
Altruisme
Generositat

BONDAD

La bondad se caracteriza por la compasión y la benevolencia hacia los otros. Se manifiesta a través de actos de altruismo y generosidad, de manera que muestra una disposición constante a ayudar y cuidar del bienestar ajeno, sin esperar nada a cambio. Por tanto, la bondad implica empatía y un profundo respeto por las necesidades y sentimientos de los demás, al tiempo que promueve un entorno de apoyo recíproco y solidaridad.

BONDAT

La bondat es caracteritza per la compassió i la benevolència envers els altres. Es manifesta a través d'actes d'altruisme i generositat, de manera que mostra una disposició constant a ajudar i tenir cura del benestar alié, sense esperar res a canvi. Per tant, la bondat implica empatia i un respecte profund per les necessitats i sentiments de les altres persones, alhora que promou un entorn de suport recíproc i solidaritat.

KINDNESS

Kindness is characterized by compassion and benevolence towards others. It is shown through acts of altruisim and generosity, presenting as a constant willingness to help and care for others' well-being withouth expecting anything in return. That is why kindness implies a deep respect and empathy for others' needs and feelings, while encouraging an enviroment of mutual support and solidarity.

JUSTICIA JUSTÍCIA JUSTICE

Derechos
Rectitud
Criterio
Jurisprudencia

Drets
Rectitud
Criteri
Jurisprudència

Rights
Righteousness
Criterion
Jurisprudence

JUSTICIA

La justicia es un principio fundamental que garantiza la protección y el respeto de los derechos de todas las personas, al tiempo que está guiada por la rectitud y la equidad. Desde una perspectiva positiva, la justicia se centra en un criterio imparcial, que busca la verdad y el bien común, y que aplica la jurisprudencia para garantizar que las decisiones y acciones legales se alineen con estos valores. Por tanto, promueve un entorno donde la dignidad y los derechos de cada individuo son reconocidos y protegidos.

JUSTÍCIA

La justícia és un principi fonamental que garanteix la protecció i el respecte dels drets de totes les persones, alhora que està guiada per la rectitud i l'equitat. Des d'una perspectiva positiva, la justícia se centra en un criteri imparcial, que cerca la veritat i el bé comú, i que aplica la jurisprudència per garantir que les decisions i accions legals s'alineen amb aquests valors. Per conseqüent, promou un entorn en què la dignitat i els drets de cada individu són reconeguts i protegits.

JUSTICE

Justice is a fundamental principle that guarantees the protection and respect of everyone's rights, while being guided by righteousness and equity. From a positive point of view, justice focuses on an impartial judgement that seeks the truth and common weal, and applies case law to ensure that legal decisions and actions agree with these values. Therefore, it fosters an environment where dignity and the rights of each individual are recognized and protected.

Comprensión
Aceptación
Humanidad
Sensibilidad
Comprensió
Acceptació
Humanitat
Sensibilitat
Understanding
Acceptance
Humanity
Sensitivity
EMPATÍA EMPATIA EMPATHY

EMPATÍA

La empatía estimula la comprensión y la aceptación de los sentimientos y perspectivas de los otros, de forma que fomenta la sensibilidad hacia sus experiencias y emociones. Por tanto, se basa en la conexión emocional y la identificación con el sufrimiento o la alegría de otras personas. En este sentido, pone de manifiesto una genuina preocupación por el bienestar de quienes nos rodean y descubre una actitud de compasión y humanidad hacia sus vivencias.

EMPATIA

L'empatia estimula la comprensió i l'acceptació dels sentiments i perspectives dels altres, de manera que fomenta la sensibilitat cap a les seves experiències i emocions. Per tant, es basa en la connexió emocional i la identificació amb el patiment o l'alegria d'altres persones. En aquest sentit, posa de manifest una preocupació genuïna pel benestar dels qui ens envolten i descobreix una actitud de compassió i humanitat envers les seves vivències.

EMPATHY

Empathy encourages the understanding and acceptance of the feelings and prospects of others; hence fostering sensitivity towards their experiences and emotions. Therefore, it is based on the emotional connection and the suffering's or joy's identification of other individuals. In that respect, it reveals a genuine concern for the well-being of those around us and shows an attitude of compassion and humanity towards their experiences.

Consideración
Cortesía
Deferencia
Valoración

Consideració
Cortesia
Deferència
Valoración

Consideration
Courtesy
Deference
Valuation

RESPETO RESPECTE RESPECT

RESPETO

El respeto es un principio fundamental que se centra en la consideración y la valoración de los derechos, opiniones y dignidad de los demás. Se manifiesta a través de actos de cortesía y deferencia, por lo que expresa una actitud de consideración y aprecio por los seres humanos y sus creencias. Además, supone reconocer y valorar la individualidad y la diversidad con vistas a promover un ambiente de tolerancia y entendimiento mutuo.

RESPECTE

El respecte és un principi fonamental que se centra en la consideració i la valoració dels drets, opinions i dignitat de les altres persones. Es manifesta a través d'actes de cortesia i deferència, per la qual cosa expressa una actitud de consideració i apreci pels éssers humans i les seves creences. A més, significa reconèixer i valorar la individualitat i la diversitat amb vista a promoure un ambient de tolerància i entesa.

RESPECT

Respect is a fundamental principle focusing on the consideration and appreciation of the rights, opinions and dignity of others. It is expressed through acts of courtesy and deference, expressing an attitud of attention and gratitude towards human beings and their beliefs. Furthermore, it implies the recognition and the value of diversity and individuality to foster an environment of tolerance and mutual understanding.

Paridad
Equidad
Ecuanimidad
Equilibrio

Paritat
Equitat
Equanimitat
Equilibri

Parity
Equity
Equanimity
Balance

IGUALDAD IGUALTAT EQUALITY

IGUALDAD

La igualdad es el principio que busca la paridad de derechos, oportunidades y trato para todas las personas, sin importar su género, raza, orientación sexual o cualquier otro rasgo. Asimismo, se fundamenta en la equidad con miras a garantizar que cada individuo reciba lo que necesita para gozar de las mismas posibilidades de desarrollo y realización, sin que haya diferencias. Implica la promoción de la ecuanimidad y el equilibrio en las políticas y prácticas sociales, económicas y políticas con el objetivo de eliminar la discriminación y asegurar la justicia para todos.

IGUALTAT

La igualtat és el principi que busca la paritat de drets, oportunitats i tracte per a totes les persones, independentment del seu gènere, raça, orientació sexual o qualsevol altre tret. A més, es fonamenta en l'equitat amb l'objectiu de garantir que cada individu rep allò que necessita a fi que pugui gaudir de les mateixes possibilitats de desenvolupament i realització, sense que hi hagi diferències. Implica la promoció de l'equanimitat i l'equilibri en les polítiques i pràctiques socials, econòmiques i polítiques per tal d'eliminar la discriminació i assegurar la justícia per a tothom.

EQUALITY

Equality is the principle that seeks parity of rights, opportunities and treatment for all individuals, regardless of their gender, race, sexual orientation or any other particularity. Likewise, it is based on fairness, aiming to ensure that each individual receives what they need and having the same chances of development and fulfullment without differences. It means showing fairness and balance in social, economic and political policies and processes, with the aim of getting ride of discrimination and ensuring justice for all.

Protección
Apoyo
Sostenimiento
Esmero

Protecció
Suport
Sosteniment
Dedicació

Protection
Support
Sustainment
Carefulness

CUIDADO CURA CARE

CUIDADO

El cuidado es una acción o proceso que implica la protección y el apoyo dedicado al bienestar físico, emocional o social de alguien o de algo. Se caracteriza por el esmero y la atención diligente a la hora de asegurar el sostenimiento de las necesidades básicas y el desarrollo integral de la persona, el objeto o el entorno que se cuida.

CURA

La cura és una acció o procés que implica la protecció i el suport dedicat al benestar físic, emocional o social d'algú o d'alguna cosa. Es caracteritza per la dedicació i l'atenció diligent per assegurar el sosteniment de les necessitats bàsiques i el desenvolupament integral de la persona, l'objecte o l'entorn del qual es té cura

CARE

Care is an action or process that concerns protection and support of the physical, emotional and/or social well-being of someone or something. It is characterized by carefulness and diligent attention, ensuring in this way the protection of basic needs and the comprehensive development of the person, objetc or envirement which is being cared for.

Honestidad
Fidelidad
Honradez
Nobleza

Honestedat
Fidelitat
Honradesa
Noblesa

Honesty
Fidelity
Integrity
Nobility

LEALTAD LLEIALTAT LOYALTY

LEALTAD

La lealtad es una cualidad moral caracterizada por la honestidad y la fidelidad hacia una persona, causa o compromiso. Así pues, se basa en la honradez y en la integridad, de forma que expresa un compromiso inquebrantable hacia los valores y los principios compartidos. La lealtad implica nobleza, confianza y respeto mutuo ante cualquier circunstancia.

LLEIALTAT

La lleialtat és una qualitat moral caracteritzada per l'honestitat i la fidelitat envers una persona, causa o compromís. Així doncs, es basa en l'honestedat i en la integritat, de manera que expressa un compromís inquebrantable cap als valors i els principis compartits. La lleialtat implica noblesa, confiança i respecte mutu davant qualsevol circumstància.

LOYALTY

Loyalty is a moral quality established by honesty and faithfulness towards a person, cause or commitement. Hence, it is based on sincerity and integrity, expressing in this way an unwavering gurantee to shared values and principles. Loyalty entails dignity, trust and mutual respect under any circumstance.

Afabilidad
Tranquilidad
Serenidad
Transigencia

Afabilitat
Tranquil·litat
Serenitat
Transigència

Affability
Calm
Serenity
Compromise

PACIENCIA

La paciencia es una virtud que se caracteriza por la afabilidad y la tranquilidad en la espera o tolerancia en el caso de situaciones adversas o desafiantes. Se manifiesta a través de una serenidad interior que permite mantener la calma y la moderación ante la demora o la dificultad. De igual modo, implica una actitud de transigencia y aceptación, por la cual la persona comprende y se adapta a los ritmos y circunstancias del tiempo sin perder la compostura ni la paz interior.

PACIÈNCIA

La paciència és una virtut que es caracteritza per l'afabilitat i la tranquil·litat en l'espera o tolerància en el cas de situacions adverses o desafiadores. Es manifesta a través d'una serenitat interior que permet mantenir la calma i la mesura davant la demora o la dificultat. De la mateixa manera, implica una actitud de transigència i acceptació, per la qual la persona comprèn i s'adapta als ritmes i circumstàncies del temps conservant la moderació i la pau interior.

PATIENCE

Patience is a virtue characterized by affability and calmness in waiting or tolerating adverse or challenging situations. It is shown through an inner serenity that allows to maintain calm and composure in the face of delay or difficulty. In this way, it involves an attitude of tolerance and acceptance, understanding and adapting to the rhythms and circumstances of time without losing composure or inner peace.

PERDÓN PERDÓ FORGIVENESS

Clemencia
Amnistía
Indulgencia
Condonación

Clemència
Amnistia
Indulgència
Disculpa

Mercy
Amnesty
Indulgence
Forgiveness

PERDÓN

El perdón es un acto de clemencia y amnistía que comporta la indulgencia y en el cual se disculpa una ofensa o daño cometido por otra persona. Se manifiesta a través de la comprensión y la empatía hacia el individuo que ha causado el dolor, lo que lo libera de la culpa y el resentimiento. Además, el perdón permite sanar las heridas emocionales y reconstruir las relaciones, de forma que fortalece la paz interior y la armonía en la convivencia.

PERDÓ

El perdó és un acte de clemència i amnistia que comporta la indulgència i en el qual es disculpa una ofensa o dany comès per una altra persona. Es manifesta a través de la comprensió i l'empatia envers l'individu que ha causat el dolor, alliberant-lo de la culpa i el ressentiment. A més, el perdó permet guarir les ferides emocionals i reconstruir les relacions, de manera que enforteix la pau interior i l'harmonia en la convivència.

FORGIVENESS

Forgiveness is an act of mercy and amnesty that involves indulgence and pardon of an affront or harm committed by another person. It is shown through understanding and empathy towards the individual who has caused the pain, freeing them from guilt and resentment. Furthermore, forgiveness allows for the healing of emotional wounds and the rebuilding of relationships, thereby promoting inner peace and harmony in human coexistence.

Compromiso
Dedicación
Disciplina
Competencia

Compromís
Dedicació
Disciplina
Competència

Commitment
Dedication
Discipline
Competence

RESPONSABILIDAD RESPONSABILITAT RESPONSIBILITY

RESPONSABILIDAD

La responsabilidad refleja el compromiso de una persona con la realización de sus deberes y obligaciones de forma efectiva. Esta virtud se manifiesta a través de la dedicación y la disciplina, velando por que protege que las tareas y las promesas se cumplan con atención y puntualidad. Además, contiene la competencia pará tomar decisiones informadas y actuar de manera ética con miras a contribuir al bienestar propio y al de las demás personas.

RESPONSABILITAT

La responsabilitat al·ludeix al compromís d'una persona amb la realització dels seus deures i obligacions de forma efectiva. Aquesta virtut es manifesta a través de la dedicació i la disciplina, vetllant perquè les tasques i les promeses es compleixin amb atenció i puntualitat. A més, conté la competència per prendre decisions informades i actuar de manera ètica amb l'objectiu de contribuir al benestar propi i al de les altres persones.

RESPONSIBILITY

Responsibility reflects a person's commitment to fulfilling their duties and obligations adequately. This virtue is embodied through dedication and discipline, ensuring that tasks and promises are carried out with care and suitably. In addition, it entails the competence to make knowledgeable decisions and act ethically with the aim of contributing to one's own well-being and that of others.

Energía
Capacidad
Potestad
Superación

Energia
Capacitat
Potestat
Superació

Energy
Capacity
Authority
Overcoming

PODER PODER POWER

33

PODER

El poder es la energía dinámica y transformadora que reside en cada individuo y que le permite desarrollar su capacidad para influir positivamente en su entorno y en sí mismo. Se expresa como la potestad para aprovechar los recursos internos y externos de manera constructiva, de modo que estimula el crecimiento personal y colectivo. Esta capacidad de superación impulsa a las personas a alcanzar sus metas y a contribuir al bienestar de la sociedad.

PODER

El poder és l'energia dinàmica i transformadora que resideix en cada individu i que li permet desenvolupar la seva capacitat per influir positivament en el seu entorn i en si mateix. S'expressa com a la potestat per aprofitar els recursos interns i externs de forma constructiva, de manera que estimula el creixement personal i col·lectiu. Aquesta capacitat de superació empeny les persones a assolir les seves metes i a contribuir al benestar de la societat.

POWER

Power is the dynamic and transformative energy that rests in each individual, enabling them to develop their ability to influence in a positive way their environment and themselves. It is expressed as the authority to harness internal and external resources constructively, thereby stimulating personal and collective growth. This capacity for overcoming challenges drives people to achieve their goals and contribute to the well-being of society.

Identificación
Gratitud
Validación
Verificación

Identificació
Gratitud
Validació
Verificació

Identification
Gratitude
Validation
Verification

RECONOCIMIENTO RECONEIXEMENT RECOGNITION

RECONOCIMIENTO

El reconocimiento es el acto de identificación y aprecio por las acciones, logros o cualidades de una persona, entidad o situación para manifestar gratitud y validación por su valor o contribución. Se materializa mediante la verificación y la aceptación pública o privada de los méritos o esfuerzos realizados, de modo que fortalece la autoestima y la motivación del individuo que ha sido reconocido.

RECONEIXEMENT

El reconeixement és l'acte d'identificació i apreci per les accions, assoliments o qualitats d'una persona, entitat o situació per manifestar gratitud i validació pel seu valor o contribució. Es materialitza mitjançant la verificació i l'acceptació pública o privada dels mèrits o esforços fets, de manera que reforça l'autoestima i la motivació de l'individu que ha estat reconegut.

RECOGNITITION

Recognition is the act of identifying and appreciating the actions, achievements, or qualities of a person, entity, or situation to express gratitude and validation for their value or contribution. It is established through the verification and public or private acknowledgment of the merits or efforts made, thereby enhancing the self-esteem and motivation of the recognized individual.

DIGNIDAD DIGNITAT DIGNITY

Integridad
Decencia
Honorabilidad
Orgullo

Integritat
Decència
Honorabilitat
Orgull

Integrity
Decency
Honorability
Pride

DIGNIDAD

La dignidad es la cualidad innata que posee cada ser humano, declarada mediante su integridad moral, su decencia en el modo de actuar y su honorabilidad que muestra en cualquier circunstancia. Se caracteriza por el orgullo y la firmeza en la defensa de los valores éticos y los derechos fundamentales, por lo que permite que cada ser humano se reconozca a sí mismo y que sea reconocido por los demás como merecedor de respeto y consideración.

DIGNITAT

La dignitat és la qualitat innata que posseeix cada ésser humà, palesada mitjançant la seva integritat moral, la decència en la seva forma d'actuar i l'honorabilitat que mostra en qualsevol circumstància. Es caracteritza per l'orgull i la fermesa en la defensa dels valors ètics i els drets fonamentals, cosa que permet que cada ésser humà es reconegui a si mateix i que sigui reconegut pels altres com a mereixedor de respecte i consideració.

DIGNITY

Dignity is the innate quality possessed by every human being, shown through their moral integrity, decency in action, and honorability in all circumstances. It is characterized by dignity and toughness in the defense of ethical values and fundamental rights, allowing each human being to recognize themselves and be recognized by others as deserving of respect and consideration.

CREATIVIDAD CREATIVITAT CREATIVITY
Imaginación
Inspiración
Originalidad
Fantasía
Imagination
Inspiration
Originality
Fantasy
Imaginació
Inspiració
Originalitat
Fantasia

CREATIVIDAD

La creatividad es la facultad humana que se manifiesta a través de la imaginación, la originalidad y la inspiración, de manera que genera ideas, soluciones o expresiones insólitas y novedosas. Se caracteriza por la capacidad para combinar, de forma única, elementos conocidos para dar lugar a nuevas figuras, conceptos o creaciones. La creatividad implica el uso de la fantasía y la libre exploración de posibilidades, por lo cual desafía los límites establecidos y abre horizontes a la innovación y al progreso.

CREATIVITAT

La creativitat és la facultat humana que es manifesta per mitjà de la imaginació, l'originalitat i la inspiració, de manera que genera idees, solucions o expressions insòlites i noves. Es caracteritza per la capacitat per combinar, de forma única, elements coneguts, per donar lloc a figures, creacions o conceptes nous. La creativitat implica l'ús de la fantasia i la lliure exploració de possibilitats, raó per la qual desafia els límits establerts i obre horitzons a la innovació i el progrés.

CREATIVITY

Creativity is the human faculty manifested through imagination, originality, and inspiration, generating ideas, solutions, or expressions that are unusual and innovative. It is characterized by the ability to uniquely combine known elements to give rise to new figures, concepts, or creations. Creativity involves the use of fantasy and the free exploration of possibilities, challenging established boundaries and opening horizons to innovation and progress.

Fortaleza
Adaptabilidad
Perseverancia
Persistencia

Fortalesa
Adaptabilitat
Perseverança
Persistència

Strenght
Flexibility
Perseverance
Endurance

RESILIENCIA RESILIÈNCIA RESILIENCE

RESILIENCIA

La resiliencia es la capacidad de una persona para demostrar fortaleza frente a los contratiempos, adaptándose satisfactoriamente a los cambios y desafíos que se le presentan. Esta habilidad conlleva una combinación de adaptabilidad, que permite ajustar las estrategias y enfoques según las circunstancias; perseverancia, que impulsa a seguir adelante a pesar de las dificultades; y persistencia, que mantiene el esfuerzo constante hacia la consecución de los objetivos, incluso cuando los obstáculos parecen insalbables. La resiliencia no solo supone resistir y recuperarse, sino también crecer y fortalecerse a partir de las experiencias adversas.

RESILIÈNCIA

La resiliència és la capacitat d'una persona per demostrar fortalesa davant els contratemps, adaptant-se satisfactòriament als canvis i reptes que se li presenten. Aquesta habilitat implica una combinació d'adaptabilitat, que permet ajustar les estratègies i enfocaments segons les circumstàncies; perseverança, que impulsa a seguir endavant malgrat les dificultats; i persistència, que manté l'esforç constant cap a la consecució dels objectius, fins i tot quan els obstacles semblen insalbables. La resiliència no vol dir només resistir i recuperar-se, sinó també créixer i reforçar-se a partir de les experiències adverses.

RESILIENCE

Resilience is the ability of a person to demonstrate strength in the face of adversity, effectively adapting to the changes and challenges that arise. This ability involves a combination of flexibility, allowing for adjustment of strategies and approaches according to circumstances; perseverance, driving one to move forward despite difficulties; and endurance, maintaining constant effort towards achieving goals, even when obstacles seem insurmountable. Resilience not only entails resisting and recovering, but also growing and strengthening from adverse experiences.

Consideración
Interés
Reflexión
Atención

Consideració
Interès
Reflexió
Atenció

Consideration
Interest
Reflection
Attention

ESCUCHA ACTIVA ESCOLTA ACTIVA ACTIVE LISTENING

ESCUCHA ACTIVA

La escucha activa es la habilidad de comunicarse, prestando atención plena al interlocutor y demostrando un interés genuino por sus palabras y emociones. Esta forma de escuchar implica una consideración cuidadosa de lo que se está diciendo, dado que se desea captar y analizar con precisión el mensaje recibido. A través de la reflexión, persigue comprender en profundidad el contenido y los sentimientos expresados, para responder de manera empática y constructiva.

ESCOLTA ACTIVA

L'escolta activa és l'habilitat de comunicar-se, prestant atenció plena a l'interlocutor i demostrant un interès genuí per les seves paraules i emocions. Aquesta forma d'escoltar implica una consideració cuidadosa d'allò que s'està dient, atès que es vol copsar i analitzar amb precisió el missatge rebut. A través de la reflexió, vol comprendre en profunditat el contingut i els sentiments expressats, per respondre-hi de manera empàtica i constructiva.

ACTIVE LISTENING

Active listening is the skill of communicating while fully paying attention to the speaker and demonstrating a genuine interest in their words and emotions. This way of listening involves a careful consideration of what is being said due to it aims to capture and analyze the received message cautiously. Through consideration, it seeks to understand the content and feelings expressed in order to respond empathetically and constructively.

Colaboración
Equipo
Comunidad
Solidaridad

Col·laboració
Equip
Comunitat
Solidaritat

Collaboration
Team
Community
Solidarity

COOPERACIÓN COOPERACIÓ COOPERATION

COOPERACIÓN

La cooperación es el proceso mediante el cual los individuos o grupos trabajan en colaboración con el fin de combinar esfuerzos y recursos para alcanzar objetivos comunes. Esta acción se desarrolla en un entorno de equipo, donde cada miembro aporta sus habilidades y conocimientos. De esta forma, fomenta un sentido de comunidad y de apoyo mutuo. La cooperación se fundamenta en la solidaridad y hace que prevalezca el compromiso de ayudarse unos a otros y de actuar en beneficio del bien común.

COOPERACIÓ

La cooperació és el procés mitjançant el qual els individus o grups treballen en col·laboració amb la finalitat de combinar esforços i recursos per assolir objectius comuns. Aquesta acció es desenvolupa en un entorn d'equip, en què cada membre aporta les seves habilitats i coneixements. D'aquesta manera, fomenta un sentit de comunitat i de suport mutu. La cooperació es fonamenta en la solidaritat i fa que prevalgui el compromís d'ajudar-se els uns als altres i d'actuar en benefici del bé comú.

COOPERATION

Cooperation is the process by which individuals or groups work together to combine efforts and resources to achieve common goals. This action takes place in a team environment where each member contributes with their skills and knowledge. In this way, it fosters a sense of community and mutual support. Cooperation is based on solidarity and promotes a commitment to helping one another and acting for the benefit of the common good.

Tolerancia
Negociación
Diálogo
Asertividad

Tolerància
Negociació
Diàleg
Assertivitat

Tolerance
Negotiation
Dialogue
Assertiveness

COMUNICACIÓN NOVIOLENTA COMUNICACIÓ NOVIOLENTA NONVIOLENT COMUNICATION

COMUNICACIÓN NOVIOLENTA

La comunicación noviolenta es una forma de interacción que se centra en el diálogo constructivo y respetuoso, donde la tolerancia ante las diferencias es esencial. Este enfoque promueve la asertividad, de modo que permite que las personas expresen sus necesidades y emociones de forma clara y empática. A través de la negociación, persigue alcanzar acuerdos que beneficien a todas las partes y propicia un ambiente de colaboración y entendimiento mutuo.

COMUNICACIÓ NOVIOLENTA

La comunicació noviolenta és una forma d'interacció que se centra en el diàleg constructiu i respectuós, en què la tolerància davant les diferències és essencial. Aquest enfocament promou l'assertivitat, en permetre que cadascú expressi les seves necessitats i emocions de forma clara i empàtica. A través de la negociació, pretén arribar a acords que beneficiïn totes les parts i propicia un ambient de col·laboració i entesa.

NONVIOLENT COMUNICATION

Nonviolent communication is a form of interaction focusing on constructive and respectful dialogue, where tolerance towards differences is essential. This approach advocates assertiveness, allowing individuals to express their needs and emotions in a clear and empathetic way.. Through negotiation, it strives to reach agreements that benefit all parties and fosters an environment of collaboration and mutual understanding.

LECTURAS RECOMENDADAS

Herrero Rico, Sofía, Díez Gutiérrez, Enrique Javier y Rodríguez Fernández, Juan Ramón. 2020. *La Educación para la Paz: Una propuesta desde el enfoque REM y el paradigma dialógico-participativo.* Valencia: Tirant Lo Blanc.

Herrero Rico, Sofía. 2018. «Education for nonkilling creativity: a reconstructive–empowering approach». *Journal of peace education,* 3: 309-324.

Herrero Rico, Sofía. 2019. «La Educación para la Paz desde el poder y la competencia: el enfoque REM». En *Investigación para la Paz: Teorías, Prácticas y Nuevos Enfoques,* eds. Cabello-Tijerina, Paris, Díaz Pérez, Guillermina y Vázquez-Gutiérrez, Reyna. Valencia: Tirant Lo Blanc.

Herrero Rico, Sofía. 2019. *El desarrollo integral del estudiantado: una propuesta desde la Educación para la Paz, las artes y la creatividad.* Castellón: SEM-EE.

Herrero Rico, Sofía. 2020. «La Educación para la Paz: Una propuesta desde el enfoque REM y el paradigma dialógico-participativo». En *Educación para el Bien Común. Hacia una práctica crítica, inclusiva y comprometida socialmente,* eds. Díez Gutiérrez, Enrique Javier y Rodríguez Fernández, Juan Ramón. Barcelona: Octaedro.

Herrero Rico, Sofía. 2021. «La Educación para la Paz en tiempos de la Covid-19: repensar otras lógicas desde la imaginación, la fantasía, la creatividad y la utopía». *Araucaria. Revista Iberoamericana de Filosofía, Política, Humanidades y Relaciones Internacionales,* 48: 325-348.

Herrero Rico, Sofia. 2021. «Peace Education in times of Covid-19: rethinking other kind of logic from imagination, fantasy, creativity and utopia». En *Creativity. A Force of Innovation,* ed. Jain Pooja. Londres: IntechOpen.

Herrero Rico, Sofia. 2021. «The Peace Education Reconstructive-Empowering Approach: From Recognition to Cultures of Peace». *En Paths to a Culture of Tolerance and Peace,* eds. El Zein Basma y Al Jarwan, Ahmed. Gistrup: River Publishers.

Herrero Rico, Sofia. 2022. «Educar para la Paz desde las habilidades blandas». *Cuadernos de pedagogía,* 535: 8-10.

Herrero Rico, Sofia. 2022. «La revalorización de la pedagogía freiriana 100 años después de su nacimiento: una educación crítica, democrática y transformadora». *Insurgência: revista de direitos e movimentos sociais,* 8: 56-78.

Herrero Rico, Sofia. 2024. «The Power of Resilience in Nurturing Nonkilling Peaceful Relationships». En *Nonkilling Relationships.* Honolulu: Center for Global Nonkilling.

Herrero Rico, Sofia y Rotila, Anca. 2021. «La Creatividad en la Filosofía, la Educación y las Artes para Hacer las Paces: Nuevos horizontes interdisciplinarios». *Araucaria. Revista Iberoamericana de Filosofía, Política, Humanidades y Relaciones Internacionales.*

Herrero Rico, Sofia y Segarra i Adell, Nuria. 2017. «El coaching educativo desde el trabajo cooperativo y la flipped classroom». *Aula de innovación educativa,* 262: 26-30.

Martínez Guzmán, Vicent. 2001. *Filosofía para hacer las paces.* Barcelona: Icaria.

Martínez Guzmán, Vicent. 2005. *Podemos hacer las paces. Reflexiones éticas tras el 11-S y el 11-M*. Bilbao: Desclée de Brouwer.

París Albert, Sonia. 2018. «Hacia una reconstrucción de las paces creativas para la ciudadanía global». *Revista de Paz y Conflictos,* 11: 159-179.

París Albert, Sonia. 2018. «Propuestas educativas para una refundación de la imaginación». En *El quehacer creativo. Un desafío para nuestra cotidianidad,* eds. París Albert, Sonia y Herrero Rico, Sofía. Madrid: Dykinson.

París Albert, Sonia. 2019. «Educación para la paz, Creatividad Atenta y Desarrollo Sostenible». *Revista Internacional de Educación para la Justicia Social,* 8: 27-41.

París Albert, Sonia. 2020. «Académica y mundana. La filosofía a modo de semilla de la creatividad». *En-claves del Pensamiento. Revista de Filosofía, Arte, Literatura, Historia,* 28: 1-28.

París Albert, Sonia. 2021. «A modo de praxis filosófica. La solidaridad entre el hacernos las paces y la creatividad como preámbulo de las paces creativas». *Araucaria. Revista Iberoamericana de Filosofía, Política, Humanidades y Relaciones Internacionales,* 48: 281-301.

París Albert, Sonia. 2022. «La fuerza de los sentimientos y el reclamo de una educación sentimental creativa». *Bajo Palabra. Revista de Filosofía,* 30: 265-280.

París Albert, Sonia. 2023. «El ethos creativo en la transformación pacífica de los conflictos». *Convergencia. Revista de Ciencias Sociales,* 30: 1-18.

París Albert, Sonia. 2024. «Nonkilling relationships: a peaceful alternative to digitization». En *Nonkilling relationships,* eds. Herrero Rico, Sofía y Joám Evans Pim. Honolulu: Center for Global Nonkilling.

París Albert, Sonia y Herrero Rico, Sofia. 2018. *El quehacer creativo. Un desafío para nuestra cotidianidad.* Madrid: Dykinson.

París Albert, Sonia y Herrero Rico, Sofia. 2023. *Reflexiones para la pospandemia.* Valencia: Tirant Humanidades.